Eugen Sauter

LANDLEBEN
IN DEN 50ER JAHREN

Wartberg Verlag

1. Auflage 1996

Druck: Bernecker, Melsungen
Buchbinderische Verarbeitung: Hollmann, Darmstadt

34281 Gudensberg-Gleichen, Im Wiesental 1
Tel.: 05603/4451 u. 2030
ISBN 3-86134-316-9

Vorwort

Der vorliegenden Band ergänzt seine Vorgänger „Kindheit auf dem Lande“ und „Schwäbisches Dorfleben“ mit Fotos, die überwiegend das Arbeitsleben der 50er Jahre in einem Dorf auf der Schwäbischen Alb zeigen. Was hier im Bilde festgehalten ist, hat weitgehende Allgemeingültigkeit für ganze Regionen.
Beim Vergleich mit unserer Gegenwart wird dem Betrachter dieser Bilder bewußt, welchen Wandel nicht nur die Dörfer in ihrem Aussehen in den vergangenen Jahrzehnten mitgemacht haben, sondern auch die Strukturen, die Arbeiten und Methoden in Landwirtschaft und Handwerk als Ausfluß der gesamten gesellschaftlichen Veränderungen.
In allen Bereichen sind die Unterschiede erheblich. Der landwirtschaftliche Universalbetrieb, der noch alles kannte von der Federviehhaltung bis zum Anbau von Getreide und der Deckung des eigenen Holzbedarfs, ist dem Spezialbetrieb gewichen, der nur noch eine oder zwei Produktionsarten kennt. War früher jeder Hof an der täglichen Milchablieferung beteiligt, so sind es heute nur noch wenige im Ort, die ihre Milchbehälter an die Straße stellen zur Abholung durch ein Tankfahrzeug des Butterwerks. Damit verschwand auch die Molkerei, seinerzeit morgens und abends d a s Kommunikationszentrum des Dorfes, wo sich alt und jung begegneten und jede Neuigkeit von Mund zu Mund ging.
Ähnlich ist es beim Handwerk Auch im Dorf mittlerer Größe gibt es keinen Metzger, Bäcker, Schuhmacher, Schneider, Schmied und Wagner mehr. Für den Verbleib eines Lebensmittelgeschäftes sind die Leute dankbar, erspart es doch den weiten Weg nach auswärts. Weitere Erscheinungen dieses Wandels wie die Aufhebung der örtlichen Schule und ihre Verlegung oder Rationalisierungen, wie sie die Post der Bevölkerung zumutet, bedürfen hier keiner besonderen Erwähnung. Jeder kennt sie und leidet vielleicht darunter. Die Frage, ob solcher Fortschritt in allen seinen Formen zu begrüßen ist, soll aber trotzdem nicht ganz vergessen sein.
So halten auch die Bilder dieses Bandes wie die seiner Vorgänger die Erinnerung wach an eine Zeit, die dem älteren Betrachter verklärt, lieb und wert erscheinen mag, für die damals Lebenden aber auch ihre Sorgen brachte.
Der Autor, als Lehrer aus Überzeugung an wenig gegliederte Landschulen gegangen, wurde auf Grund seiner Liebhaberei als Amateurphotograph von einer Landesbehörde in Stuttgart für Jahrzehnte zum ehrenamtlichen Denkmalpfleger im Bereich Volkskunde bestellt. Er bemühte sich um eine Dokumentation in Bild und Wort, von der der Wartberg Verlag hiermit einen weiteren Ausschnitt als Inhalt dieses Bandes vorlegt. Wie bei den vorausgegangenen Zwillingsbänden lag die Auswahl der Bilder und die Formulierung des Buchtitels in der Hand des Verlages.

Peter Wieden, Wartberg Verlag

Foto oben: In die leicht gewellte Altheimer Ebene auf der Lonetal-Flächenalb sind einige Trockentäler eingetieft. Am Rande des „Truttel-täles“ liegen die Neenstetter Krautgärten. Das Anlegen dieser kleinparzellierten Flurstücke bedurfte vor Jahrhunderten noch der Genehmigung durch den Rat der Freien Reichsstadt Ulm. Jede Hofstelle des Dorfes hat dort ihre zwei Teile für den Anbau von Kraut und anderem Gemüse.

Eine eigentümliche Stimmung liegt über dieser Landschaft, wenn die erste Frühlingssonne über den dunklen, feuchten Beeten strahlt, wo Frauen mit Hacke und Rechen an der Arbeit sind.

Foto rechts: Aus der umgehängten Blechwanne sät der Schulzenbauer Gerste am Rand seines Ackers auf dem „Mittleren Burren“ (Burren = Hügel) von Hand nach, weil die Maschinensaat dort nicht ausreichte. Auch Kunstdünger wurde auf solche Art ausgestreut. Wieviel Märsche auf und ab erfordert dabei wohl solch ein Feld?

Foto links: Der Arbeit des Legens voraus ging das Vorbereiten der Löcher für die Saatkartoffeln mit einem vom Schlepper gezogenen Vielfachgerät. Nun befördern die beiden Brüder die „Grombira“ (Grundbirnen) aus der Wanne mit gekonntem Zielwurf in die Erde. Sie ersparen sich auf diese Art das ständig gekrümmte Gehen. Später müssen die Löcher mit dem handgesteuerten Vielfachgerät wieder geschlossen werden.

Foto oben: In dauernd gebückter Haltung stecken diese Frauen die Samen für Zuckerrüben in die Erde. Wie spürt man nach solcher Arbeit seinen Rücken, im Schwäbischen das „Kreuz“ genannt!

Foto links: Auf dem Wagen liegen Säcke und stehen Obstkistchen, alle gefüllt mit Saatkartoffeln. Die Furchen auf dem Acker sind gezogen. Aus dem Handkorb werden dort die Knollen in die Erde gelegt. Die Tage des alten Hauses hinter dem Fuhrwerk sind gezählt. Im Herbst wird an seiner Stelle der um ein Stockwerk höhere Neubau stehen.

Foto oben: Leichter wird die Arbeit mit Hilfe eines Anbaugeräts am Schlepper. Zwei Personen, nebeneinander sitzend, geben die Saatkartoffeln einzeln aus einem Holzbehälter nach unten in die Erde, wo im gleichen Arbeitsgang zwei Furchen nebeneinander geschlossen werden.

Foto Seite 10: Vizinalstraßen, so der ehemalige amtliche Ausdruck für Nachbarschaftssträßchen, verbanden die Dörfer der Schwäbischen Alb miteinander. Es waren naß gewalzte Kalkstraßen, die der laufenden Pflege durch einen Straßenwart bedurften. Auf dem Bild schiebt er mit seinem Stoßbesen an den Straßenrand geschleudertes Feinmaterial wieder in die Fahrbahn, wobei er jedes Schlagloch schon im Entstehen beseitigt. Im Mittelgrund einer der Schotterhaufen am Straßenrand, mit deren Steinen die Fahrbahn eingeworfen wurde. Steinklopfer saßen früher dort und zerschlugen mit einem besonderen Hammer die beigefahrenen groben Kalksteine zu kleinen Stücken.

Foto oben: Die Feldumlegung erfordert das Anlegen neuer Feldwege. Der Unterbau besteht aus groben Kalksteinen. Die Männer zertrümmern dieses Material noch weiter mit ihren Vorschlaghämmern, ehe eine Walze die darauf geschüttete Abdeckung festdrückt und später Asphalt das Ganze überdeckt. Durch seine Mitarbeit senkt jeder dieser Landwirte die ihn betreffenden Kosten an dem Umlegeverfahren.

Foto links: Der Straßenwart hält seine Straße tadellos in Schuß. Für den Staub, den schnelle Fahrzeuge aufwirbeln, kann er nichts. Bei Wind und Wetter versieht er seinen Dienst. Da freut er sich auch, wenn die Sonne lacht und wenn jemand bei ihm einen kurzen Halt einlegt. Zum Fotografieren bedurfte es dabei allerdings schon der versteckten Kamera.

Foto links: Das Gestein von Weiß-Jura-Epsilon wird an vielen Stellen der Schwäbischen Alb abgebaut und in Brechern zu Schotter verschiedener Größe zerkleinert. Wenn im Steinbruch die in eine Wand gebohrten Löcher geladen und zur Sprengung bereit sind, setzt der Schießmeister sein Horn an und bläst das Warnsignal, damit niemand gefährdet wird.

Foto oben: Die Sprengung reißt große Felsbrocken und zahllose kleinere Stücke von der Wand des Steinbruchs. Für die großen Blöcke bedarf es der weiteren Zerkleinerung. Im Bild werden dazu Sprengpatronen aufgelegt und mit Lehm verdämmt.

Foto oben: Vom Frühjahr bis zum Herbst gehört zur Viehhaltung die tägliche Grünfütterung, d.h. Gras oder Klee muß jeden Tag vom Feld zum Füttern nach Hause gefahren werden. Im Bild wird das Fuhrwerk mit dem soeben gemähten Grünfutter beladen. Im Hintergrund liegt das Dorf in einem flachen Einschlag, der leicht von Westen nach Osten abfällt.

Foto links: Nasses Gras mäht sich leichter, und eine Sense läßt sich besser wetzen mit einem nassen Wetzstein. Den dafür mit Wasser gefüllten Kumpf hat die Landfrau hinter sich an der Schürze hängen, damit sie ihre Sense immer wieder nachschärfen kann.

Foto rechts oben: Schon in aller Frühe um 5 Uhr ist einer der Bauern draußen auf den taunassen Wiesen in einem der von Wald gesäumten Trockentäler. Beim pferdebespannten Grasmäher übernimmt der Messerbalken als Ausleger die Arbeit der Sense.

Foto rechts: Die fortschreitende Technik erfaßt nach und nach auch das Dorf immer mehr. Mittlere und selbst kleinere Betriebe leisten sich nun auch einen Schlepper mit Messerbalken, wobei die Finanzierung vielfach aus nicht landwirtschaftlicher Arbeit bestritten werden muß. Den angehängten Wagen mit aufgeladenem Grünfutter zogen vor Jahren noch ein Paar Schaffkühe. Jetzt bleiben sie im Stall und erbringen dafür einen höheren Milchertrag.

Foto links oben: Mühevoll ist die Arbeit des Heuens. Im Bild wird nach dem Mähen das Trocknen am Boden praktiziert. Dabei ist man auf anhaltend gutes Wetter angewiesen. Zum Dürrwerden muß das Gras mehrmals gewendet werden. Hier geschieht es von Hand mit Gabeln. Da arbeitet es sich leichter, wenn mehrere Leute zusammenhelfen.

Foto links unten: Klee wird bald nach dem Mähen auf Böcke, sog. „Heinzen", gehängt zum weiteren Trocknen. Rechterhand steht ein Schlepprechen mit Rädern zum Ziehen von Hand.

Foto oben: Öhmd, das Heu der zweiten Mahd, wird hier nach Hause geholt. Die Halme sind kürzer als beim ersten Heu. Nichts soll verlorengehen, darum wird der beladene Wagen mit dem Rechen abgekämmt und das Ausgeraufte mit der Gabel auf den Wagen gereicht wie schon zuvor die ganze Ladung. Sie richtig zu verteilen und festzupacken, ist die Kunst der Frau auf dem Wagen. Sie verzichtet auf das Festhalten der Ladung durch einen Wiesbaum, den man sonst der Länge nach über das Heu spannt.

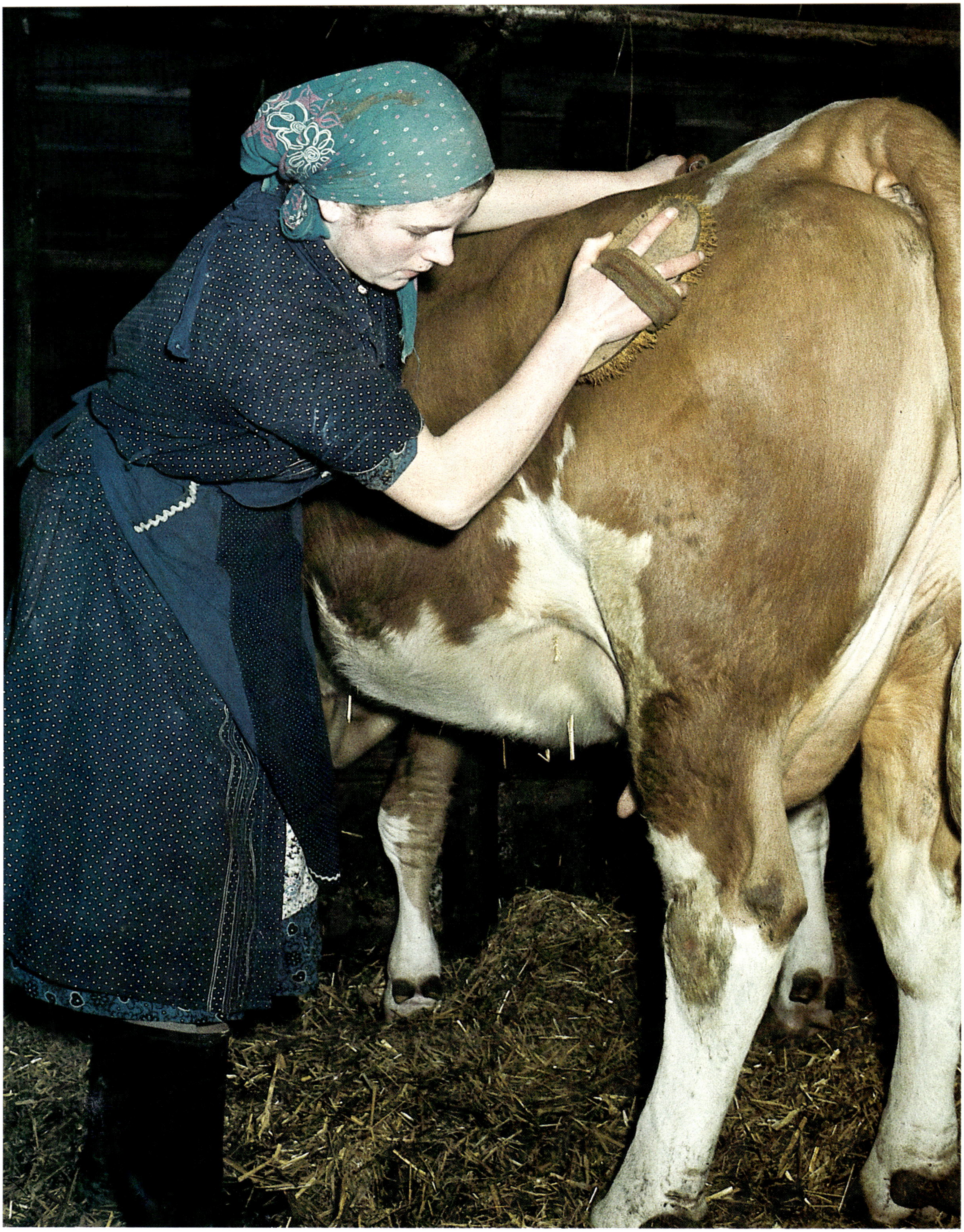

Foto links: Das Milchvieh im Stall will nicht nur täglich zwei- bis dreimal gefüttert und zweimal gemolken sein, es bedarf auch der Pflege durch Bürsten des Fells und Säubern der Klauen. Mit einem Striegel streicht das Mädchen in kräftigen Zügen über das Fell der Kuh, die sich dann sicher wieder wohler fühlt.

Foto oben: Beim Lehrgang, den die Molkereigenossenschaft des Dorfes jungen Leuten unter ihren Mitgliedern anbietet, steht Hand- wie Maschinenmelken in Theorie und Praxis auf dem Programm. In Dosen wird die Milch der ersten Strahlen aufgefangen und für die Begutachtung durch den Melklehrer bereitgestellt, denn der Anfang des Gemelks bedarf immer der Kontrolle.

Foto rechts: Die Milch läuft nach dem Melken beim Umfüllen in die Transportkanne durch einen Trichter mit Filter.

Nestle
Milch
45
Bizerba

Foto links oben: Jeder Betrieb mit Milchviehhaltung fährt seine Morgen- und Abendmilch zur Molkerei als der zentralen Sammelstelle im Dorf. Wenn die Kannen nicht allzu schwer sind, übernehmen zuweilen auch Kinder diese Arbeit. Dem kleineren Bruder auf dem Bild macht es Spaß, sich in dem Wagen neben den Kannen kutschieren zu lassen.

Foto links unten: Wenn Schnee gefallen ist und Schlitten laufen, treten sie an die Stelle der Handwagen für den Weg zur „Molke", der Dorfmolkerei. Hier ist es ein „Eingemachter", so benannt, weil die Sitz- oder Stellfläche auf drei Seiten einem Geländer ähnlich „eingemacht" ist.

Foto oben: Das Milchfachgeschäft kann offene Milch verkaufen. Daneben gibt es nur in Glasflaschen abgefüllte Vollmilch. Eine Pumpe drückt die Milch aus dem Vorratstank unter dem Ladentisch in die vom Kunden mitgebrachte kleine Kanne.

Foto oben: Zu den Merkmalen von Karstgebirgen gehört die Wasserarmut auf den Hochflächen, weil die Niederschläge rasch in den Spalten und Klüften versickern und erst durch Quellen in den tief eingeschnittenen Tälern wieder an den Tag treten. Die Bewohner der Trockengebiete sammelten daher Regen- und Schneewasser in Dorfteichen (Hülen oder Lachen genannt) und den Ablauf der Hausdächer in Zisternen. Wenn solche Wasservorräte erschöpft waren, mußte Wasser mit Fuhrwerken aus den Tälern geholt werden, eine mühevolle Arbeit. Nach Einführung der künstlichen Wasserversorgung blieben Hülen noch erhalten und lieferten unter anderem auch Wasser zum Begießen von Pflanzen. Der Landwirt auf dem Bild schöpft Wasser vor einer Fahrt zu einem Acker mit Rübensetzlingen.

Foto S. 23 oben: Die Sichel ist das älteste Schneidewerkzeug des Landwirts, das noch vor der Sense zum Mähen von Gras und Schneiden von Korn diente, darüber hinaus auch zum Sammeln der geschnittenen Getreidehalme. Um den Schnitt zu erleichtern, bedarf es immer wieder des Nachschärfens mit dem Wetzstein. Er steckt in dem mit Wasser gefüllten Kumpf, von dem schon weiter vorne die Rede war.

Foto S. 23 links unten: Die „Nehna“ hat ihre Sichel gewetzt, um damit jetzt im Sommer die noch grünen Erbsen zu schneiden, die sie im Frühjahr entlang eines Haberfeldes gesät hat. Die freigelegte Fläche, ein Wegle(in), erleichtert Wochen später das Ansetzen für das Schneiden des Habers, weil dann mehr Platz vorhanden ist. Das Erbsengemäh dient als Grünfutter. Der Enkel hilft der Großmutter beim Herausschaffen.

Foto S. 23 rechts unten: Das an der Schnittkante sehr dünne Sensenblatt erleidet durch die Arbeit immer wieder Unebenheiten und verliert an Schärfe. Um diese wieder zu verbessern, dengelt der Landwirt am Abend seine Sense zu Hause, d.h. er bearbeitet die Schnittkante in ihrer ganzen Länge mit einem Dengelhammer, wobei das Blatt auf einem Amboß liegt. Der Rhythmus dieser Schläge gehörte im Sommer zur Abendstimmung im Dorf. Eine Redensart sagte: „Gut gedengelt ist halb gemäht!“

Foto oben: Der Landwirt holt mit seiner Sense in weiten Schwüngen aus. Bei jedem Schnitt fallen Halme der reifen Gerste. Das „Bögle“ am Ende des Worbs (Sensenstiel) nimmt sie mit zur Seite, wo sie die Frau mit der Sichel unterfaßt und ausgebreitet zur Seite legt. Diese Arbeit nennt man „Leg machen“. So bleibt die Frucht liegen zum Nachtrocknen und wird dazu auch noch gewendet. Erst danach macht man beim „Sammeln“ aus etwa drei „Leg“ eine Garbe, indem man die „Leg“ auf zuvor „geschlagene“ Bänder legt und dann bindet.

Solche Erntearbeit verlangte viel Kraft und Schweiß.

Foto links: Im Vordergrund steht eine Mandel, aus etwa sechs Garben bestehend. Nachdem gutes Wetter vollends für deren Austrocknen gesorgt hat, geht es ans Aufladen und „Einfahren". Mit einem Schlepprechen sammelt das Mädchen rechts die losen Halme. Beim Laden des Wagens müssen die Ähren nach innen schauen.

Foto oben: Seit alters gehörte die Schafhaltung zur Landwirtschaft der schwäbischen Albdörfer, galt es doch einst einerseits das letzte Gräschen auf Feldwegen und den Heiden (Ödflächen) zu nutzen, andererseits in den Besitz des Dungs zu gelangen, den die Schafe nachts beim Lagern im Pferch hinterlassen. Der Schäfer mußte daher den Pferch in der Nacht alle zwei Stunden nachschlagen, damit immer wieder eine neue Fläche in den Genuß des Düngers gelangte. Der Pferch, d.h. also die Dungspende der Schafe, wurde allwöchentlich einmal für die Dauer einer Woche auf dem Rathaus verkauft oder versteigert. Der Schäfer mußte dann den Pferch auf den Äckern des Käufers aufschlagen. Pferchnächte gehörten einst auch zur Besoldung des Pfarrers und des Lehrers im Dorf, waren doch mit ihren Ämtern Güter verbunden, deren Ertrag auch zur Besoldung zählte.
Auf dem Bild „fährt" der Schäfer am Vormittag aus dem Pferch, den man im Mittelgrund sieht. Daneben steht der „Pferchkarren" als nächtliche Behausung des Schäfers.
Die Umstrukturierung der Landwirtschaft hat die Schafhaltung vielerorts zum Erliegen gebracht.

Foto oben: Das Pferd war das wichtigste Zugtier des Bauern. Waren Ochsen selten in dieser Rolle zu beobachten, so um so mehr Kühe. Vor allem kleinere Betriebe hielten sich „Schaffkühe" als Zugtiere.
In mittleren und großen Höfen standen zwei oder mehr Pferde im Stall. Sie bildeten zugleich ein Statussymbol. Pferde benötigte man einst auch als Reittiere für die Überbringer eiliger Nachrichten wie z.B. für die Feuerreiter, die bei Brandfällen Hilfe herbeizuholen hatten.
Das Aufkommen des Schleppers oder Traktors verdrängte nach und nach die lebende Bespannung der Wagen, und zurück ging damit auch die Pferdezucht. Als Liebhaberei blieb sie da und dort am Leben, so auch bei dem Bauern, der auf dem Bild zusammen mit seinen Kindern und dem Nachbarsohn seine Vierbeiner nicht ohne Stolz der Kamera präsentiert.

Foto rechts oben: Für die Pferdehaltung unerläßlich ist der Hufschmied, müssen die Hufe des Pferdes doch ab dem dritten Jahr beschlagen und die Hufeisen danach von Zeit zu Zeit erneuert werden.
Wenn das alte Eisen abgenommen ist, schneidet der Schmied das Horn des Hufes mit einem Hufmesser zurecht, ehe er das heiße Eisen ansetzen und mit Nägeln befestigen kann.

Foto rechts unten: Ohne Feuer und die Esse darüber ist die Schmiede nicht denkbar. Mit einem Gebläse oder früher mit dem Blasebalg hat der Meister die Glut belebt, auf dem Bild, um einen eisernen Radreif „warm" zu machen. Es wird nicht mehr lange dauern, bis der glühende Reif draußen im Freien auf ein vom Wagner gefertigtes neues Rad aufgezogen wird (siehe Bild S. 30/31). Hinter dem Meister steht sein Amboß, von dem die Hammerschläge sonst hinaus auf die Gasse tönen, wenn er heißem Eisen die gewünschte Form gibt.

Fotos oben: In der Wagnerwerkstatt besorgt der Sohn mit der maschinellen Fräse, was früher von Hand mit dem Stechbeitel geschah, das Ausstemmen der Schlitze in der Nabe aus Eichenholz für die Speichen.
Indessen schneidet der Vater als der Meister die Speichen aus Eschenholz zurecht mit einem Ziehmesser und achtet dabei besonders darauf, daß jede Speiche einen „schönen Schild" erhält. Nach dem Einsetzen der Speichen in die Nabe wird der Sturz eingestellt, d.h. die Abweichung der Speichen von der Senkrechten wird vorgenommen.
Dann kommt das „Auftreiben" der Felgenteile aus Buchenholz an die Reihe. Das Rad hat zwölf Speichen, von denen immer drei einen Viertelkranz der Felgen aufgesteckt erhalten.

Foto rechts: Schließlich bringt der Geselle das Rad samt dem dazugehörigen eisernen Reif zur Schmiede. Sein Weg führt ihn vorbei an der großen Linde, dem Wahrzeichen des Dorfes, gepflanzt in der napoleonischen Zeit. Davor liegt eine der Hülen, eingefaßt mit behauenen Tuffquadern.

Die Arbeit ist beinahe getan. Schon dreht der Geselle an der Spindel, mit der das neue Rad auf dem Bock gehalten wurde, solange vier Mann den „warmen“ Reif mit Klauen, Hebeln und Hammer auf das Holz der Felgen trieben. Der Lehrling löscht schnell noch eine Brandstelle, denn selbstredend geht es bei solch heißem Geschäft nicht ohne Rauch ab. Und der Meister ist froh, daß wieder einmal alles gut geklappt hat. Der Großvater hat als vierter Mann mitgeholfen.

Foto links: Die Heimat dieser Frau lag im Böhmerwald. Bei der Vertreibung zählte ihr Spinnrad zu den wenigen Habseligkeiten, die sie mitnehmen konnte. So kann sie das aus früherer Zeit gewohnte Spinnen von Flachs am neuen Wohnort fortsetzen. Die beiseite gestellten Holzschuhe stammen aus der Fertigung eines Landsmannes, der in einer benachbarten Stadt wohnt und der seiner aus der alten Heimat gewohnten Tätigkeit auch hier noch nachgeht.

Foto rechts: Das Waschen der ganzen Wäsche ist noch Handarbeit. Die zuvor in einem Kessel neben dem Haus gekochte Wäsche liegt im Waschtrog und wird in der heißen Seifenbrühe von Hand herausgewaschen. In der Schale am Trogrand liegt ein Stück Kernseife zum Nacharbeiten hartnäckiger Schmutzstellen.

Foto oben: Anfang September stehen die Blattkronen der Futterrüben so im Saft, daß man sie auslichten kann, nicht nur um mit diesen Blättern ein zusätzliches Grünfutter zu haben, sondern um auch mehr Wachstum nach unten zu bewirken. Die Buben helfen ihrer Mutter und tragen die Blätter armvollweise hinaus zum Fahrzeug auf dem Feldweg am Ackerrand. Im Nachbarfeld stehen leere Kleeböcke, in der Mundart „Heinzen" genannt.

Foto rechts: Mäuse sind überall ungeliebte Gäste, auch auf den Feldern. Der Jugendliche und der Bub stecken Fallen in Mäuselöcher. Die Falle besteht aus einem kurzen hölzernen Rohr mit einem Federring. Dieser Ring wird mit einem Faden gespannt, ehe man das Ganze in ein Mäuseloch steckt und die Stelle wegen des Wiederauffindens mit einer großen Gänsefeder kenntlich macht. Beißt eine Maus den Faden durch, weil er ihr den Weg durch das Rohr nach außen versperrt, wird sie vom Federring erdrückt. Der Bub hält den Vorrat an Fallen in seinem Blauhemd. Wenn alle Fallen ausgelegt sind, fangen die beiden wieder vorne an mit Kontrollieren und erneutem Stellen, denn meist dauert es nicht lange, bis eine Falle geschnappt ist.

Seite 36/37: Wenn ein Helfer die vorgespannten Kühe am Halfter führen kann, ist die Arbeit für den Mann hinter dem Pflug leichter, der hier Kartoffeln herausackert. Das Gespann bleibt in seiner Bahn und hält das Tempo. Die hier vom Sohn übernommene Tätigkeit nannte man „Menen", d.h. die Zugtiere führen und antreiben.

Foto oben links: Das Roden der Kartoffeln kann auf verschiedene Art geschehen. Wie auf dem vorhergehenden Bild wird dazu auch hier ein Beetpflug benützt. Im Gegensatz zum Kuhgespann bedarf das Pferd keiner Führung am Halfter. Man erkennt, daß

das Steuern des Pflugs keine ganz so leichte Arbeit ist, wie es manchmal den Anschein haben kann.

Foto links: Wenn das Kartoffelkraut richtig dürr ist, kann man es noch auf dem Acker leicht verbrennen. Köstlich schmecken frische Kartoffeln, die man hinterher in die heiße Asche legt bis zum Garen.

Foto oben: Von den kleinparzellierten Krautgärten war schon die Rede. Wer dort Kartoffeln neben anderem Gemüse anbaut, muß sie mit der Gabel ausgraben. An die Stelle des aus Weiden geflochtenen schwarzen Korbes ist vielfach der Drahtkorb getreten.

Foto links: Sogenannte Streuobstwiesen, auch Baumgärten genannt, umgeben das ganze Dorf. Vom Ertrag dieser Bäume gehört ein großer Teil zum Mostobst. Dazu kommt noch die Ernte von Äpfeln und Birnen der Bäume entlang der Landsträßchen. Eine staatliche Verordnung verlangte schon im vergangenen Jahrhundert das Anpflanzen von Obstbäumen entlang der über Feld führenden Straßen. So wurde der Rohstoff für das schwäbische Hausgetränk, den Most, sichergestellt. Die Fässer für den Most liefert der Küfer. Vor seiner Werkstatt ist der Meister dabei, die Reifen an einem schon gebrauchten Faß, das er wieder gerichtet hat. mit Schlag- und Setzhammer anzutreiben.

Foto oben: Die Technik brachte auch Fortschritte für das Mosten. Die Küferei am Ort vergrößerte sich durch den Anbau einer Mosterei. Eine zweiseitige hydraulische Presse sorgt für die höchste Ausbeutung des Preßgutes, der zuvor gemahlenen Äpfel und Birnen. Den Saisoncharakter des Betriebs unterstreicht der Andrang, den man auf dem Bild beobachten kann, denn das Mosten bleibt auf den Herbst, die Monate September bis November, beschränkt.

Fotos oben: Aber neben der großen Lohnmosterei gibt es auch noch das Mosten zu Hause, eine Arbeit, die auf den Bildern von der Bäuerin und ihrer Tochter getan wird.

Die elektrisch angetriebene Mühle zerkleinert das gewaschene Obst.
Ein hölzerner Zuber fängt den Süßmost aus dem Preßkorb auf, wenn beide Frauen gemeinsam den Hebel an der Spindel bedienen und so das zerkleinerte Obst auspressen.
Aus dem Zuber füllt man den frischen Most um in die Fässer im Keller, wo er dann zu gären beginnt.

Foto oben: Nach dem Öffnen des Preßkorbes schafft man den Treber in eine Stande und gibt dann Wasser dazu, um ihn später noch einmal auszupressen.

Mit dem „Nachdruck", den man dabei erhält, verdünnt man den Most des ersten Preßgangs.
Nach dem Gären wird der Most abgezogen, d. h. er kommt in andere Fässer.

Dann steht jeden Tag beim Vesper ein Krug mit Most auf dem Tisch.

Foto links: Nach der Ernte liegt das Getreide bis zum Dreschen in der Scheune. Diese Arbeit dauerte früher, als man noch alles mit den Flegeln drosch, bis in das neue Jahr hinein. Das Maschinendreschen kam in der zweiten Hälfte des vergangenen Jahrhunderts auf. Dabei werden die Halme jedoch so geknickt, daß man daraus keine Bänder zum Binden von Garben mehr machen kann. Um Bänder aus Roggenstroh anfertigen zu können, griff man noch in den Jahren nach dem 2. Weltkrieg zu den Dreschflegeln. Mit ihnen traf man nur die Ähren, wenn die geöffneten Garben auf der Tenne ausgebreitet lagen, und das Stroh blieb glatt. Jeder Schlag drückte Kerne aus ihren Hülsen. Die Drescher arbeiteten im Takt. Am Anfang jeder „Dreschete" halfen Verse zum Aufnehmen dieses Takts. Für den Vierertakt mit vier Personen, wie auf dem Bild, lautete der Vers beispielsweise: „Zia d'Katz et a, heng d'Haut et auf!" Beim Übertragen ins Schriftdeutsche stimmt die Viererzahl der Silben nicht mehr: Ziehe die Katze nicht ab, hänge die Haut nicht auf! (Weitere Drescherverse auf Seite 46.)

Foto rechts oben: Beim Bändermachen wurde gedroschenes Roggenstroh gestoßen und dann verknüpft. Mit solchen Strohbändern konnte man dann bei der nächsten Ernte Garben zusammenbinden.

Foto rechts: Gedroschenes Roggenstroh, das man nicht gleich zu Bändern verarbeitete, mußte aufgeschaubt werden, d.h. man legte die Halme zu Schauben zusammen und mußte sie dazu vorher schwingen, damit sie glatt nebeneinander lagen. (Schaub = Strohbund). Um das Strohband, das den Schaub zusammenhielt, recht straff zu machen, benützte man einen „Beenagel" (= Bindnagel). Das war ein einfaches Werkzeug, einem Setzholz ähnlich.

Zu S. 44/45: Hier noch einige weitere Drescherverse zu den verschiedenen Takten.
Zweiertakt: Schlag drauf, hau na!
Dreiertakt: Schmalz an d´ Supp! Kraut ond Speck! Mei Kapp hat drei Zipfel! Schlag du´s weg, i ka net!
Vierertakt: Schmalz an d´ Suppa! Supp ond Knöpfla! Kraut ond Knöpfla! D´ Katz frißt d´ Supp aus! Kappazipfel, Kappazipfel! Pack´s am Zipfel! Hau bloß recht na!
Fünfertakt: D´ Kapp hot koin Zipfel! Mei Huat hot koin Rand! Drescher send Fresser!
Sechsertakt: D´ Kapp hot koin Zipfel et! Schlag du´s weg, i mags net! I mag et, hau du na! Hau du´s raus, i ka´s et!
Siebenertakt: Schweinefloisch geit harte Stroich!
Achtertakt: Dui Garb isch mei ond dui isch dei!

Foto oben: Zu den Arbeiten des Herbstes gehört auch das Einlegen von Sauerkraut. Aus den Krautgärten hat man die runden Köpfe des Weißkrautes geholt. Während die Bäuerin jeden Kopf mit dem Messer putzt, d.h. ihn von den äußeren Blättern befreit, schneidet oder bohrt der Bauer den Strunk, die Fortsetzung des Stiels, heraus. Auf dem Tisch liegen die so zum Einhobeln vorbereiteten Krautköpfe.

Foto rechts: Umgekehrt wie der Hobel des Schreiners, der über das Holz gleitet, schafft der Krauthobel. Er liegt unbewegt über einem Korb oder Trog, und der Krautkopf wird im Innern eines hölzernen Rahmens über die feststehenden drei oder vier scharfen Messer geschoben. Daher spricht man auch vom „Krauteinschneiden“. Das so zerschnittene Kraut schüttet die Bäuerin in eine große hölzerne Stande, wo es die Tochter unter Zugabe von etwas Salz mit den bloßen Füßen einstampft. Bei diesem Einstampfen muß der Saft aus dem Kraut gedrückt werden, ehe die nächste Schütte dazukommt. Die volle Krautstande wird mit Brettchen abgedeckt und mit Steinen beschwert, damit der Saft über dem Kraut steht.

Foto links: Zur Hausschlachtung kommt der Metzger am frühen Morgen auf den Hof. Das geschlachtete Schwein liegt im Trog und wird mit heißem Wasser abgebrüht. Zum „Ahära“, Abhaaren, benützt der Metzger zuerst eine Kette, später noch einen becherförmigen Handschaber, eine „Schärre“.

Foto oben: Vor dem Zerlegen hängt man das Schwein auf. Das Geschirr zum Schlachten, Trog, Gestell und Zubehör gehört dem Metzger und wurde vorher bei ihm abgeholt.

Foto oben: Heute gibt es nicht einmal mehr einen Bäcker im Dorf. Nach dem Erliegen des Betriebes im Gemeindebackhaus in den 20er Jahren besorgten zwei Bäckereien das Herausbacken von Brot und Plätzen (Kuchen). Dazu bedurfte es aber auch der Anmeldung wie vordem im Backhaus, denn mehr als 30 Laibe hatten bei einer „Bachet" im Ofen keinen Platz. Es ist 6.15 Uhr in der Frühe, als diese Frau auf dem Weg zum Bäcker ist mit ihrem zu Hause gekneteten Brotteig.

Foto links: Das Dorf hat keine eigene Mühle. Die Bauern fuhren selbst, wenn nicht der Müller die Frucht abholte und das Mehl wieder brachte, wie auf dem Bild zu sehen. Die Säcke tragen vielfach noch neben dem Namen des Besitzers dessen Sackzeichen, die als letzte Zeugen ehemaliger Hofmarken anzusehen sind.

Foto rechts: Der Bäcker holt das Scheitholz vom Stapel, um an diesem Tag zum zweiten Mal das Feuer in seinem Backofen zu machen. Außer den buchenen Scheiten benützt er dazu noch Reisigbüschel. Wenn das Feuer niedergebrannt ist, sind die Steine des Ofengewölbes erhitzt. Die Asche wird herausgeholt und der steinerne Ofenboden mit dem „Hudelwisch", einem nassen Sack an einer Stange, gesäubert.

Foto links: Dann beginnt das Einlaiben. Die Frau des Bäckers formt den Laib und setzt ihn in die „Einlaibschüssel“. Die Besitzerin pickt ein Zettelchen mit ihrem Namen darauf, und der Bäcker schießt den Laib mit der zuvor ins Wasser getauchten Kelle ein. Der Zettel kommt dabei auf die Oberseite des Brotes. Die Laibe bleiben etwa eineinhalb Stunden im Ofen.

Foto oben: Ein Blick in die Backstube des „ontera Becks“, des unteren Bäckers, denn es gibt ja zwei Bäckereien im Dorf, zeigt, daß dort gerade Hochbetrieb herrscht.

Den Winter hindurch geht eine Reihe von Männern als Holzhauer in den Gemeindewald. Weil der Weg zu dieser Arbeitsstätte einige Kilometer beträgt, reicht die Zeit der Mittagspause nicht für ein Essen zu Hause. Die Holzhauer machen sich vielmehr an Ort und Stelle ein Feuer und begnügen sich mit einem Vesper als Mittagsmahlzeit.

Holz ist auf der Schwäbischen Alb das von der Natur gegebene Brennmaterial. Jede Hofstelle hat einen oder zwei Waldteile seit der Aufteilung eines Großteils des Waldbestandes im vergangenen Jahrhundert. Aus dem Wald holt man sich das Brennholz im Winter für das folgende Jahr. Fast überall erleichtert die Kreissäge das Zerkleinern der Stämme und Äste. Der Mann im Bild aber müht sich noch mit der Spannsäge und dem Sägebock ab, um zu seinem Brennholz zu kommen.

Foto links: Aber nicht alle Dorfbewohner können auf einen eigenen Waldteil zurückgreifen, gibt es doch auch noch ein Armenhaus. Dessen Bewohner sammeln Leseholz im Wald, nachdem sie dazu eine besondere Genehmigung erhalten haben und tragen oder fahren es wie hier auf dem Schubkarren nach Hause.

Foto oben: Aus dem Wald holt man auch das Reisig von Büschen und Birken, um daraus während des Winters Besen zu binden. Schwarze Besen braucht man notwendig im Stall und auf dem Hof.

Foto links oben: Zimmerleute gehören seit alters her zum Handwerkerstamm des Dorfes. Vor allen anderen zeichnen sie sich noch durch die Treue zu der überlieferten Kluft ihrer Zunft aus, mit Hosen und Westen aus schwarzem Cord oder Manchestersamt und den breitkrempigen Hüten. Große Perlmuttknöpfe zieren zweireihig die Westen. Auf dem Bild ziehen zwei Mann noch die alte Waldsäge.

Foto rechts oben: Auf dem Dorfplatz, einmalig in seiner Größe unter den Dörfern der Schwäbischen Alb, sammelte sich noch im vergangenen Jahrhundert Wasser der Niederschläge in weiteren Hülen außer der heute noch dort bestehenden „Vogtslache".
Im Bild haben Zimmerleute ihren Reißboden aufgeschlagen für das Abbinden von Balkenlagen oder Dachstühlen. Der „Chor der Gesellen" ist mit Zapfloch- und Balkenbohrmaschine sowie einer Handkreissäge bei der Arbeit unter den Augen des Meisters. Im Mittelgrund sieht man einen Stoßkarren, auf dem Stämme zur Säge geschoben werden, damit dort Balken daraus entstehen.

Foto rechts: Ohne Kran ist das Aufrichten eines Dachstuhls eine mühsame, anstrengende Arbeit. Nicht weniger als sieben Mann sind dabei, die lange Firstpfette nach oben zu schaffen. Die Bünde und die Mittelpfette des Dachstuhls stehen bereits.

Foto links: Wo starke Lehmböden dem Weiß-Jura-Gestein an der Oberfläche aufliegen, bilden sich bescheidene Grundwasservorkommen, die in den Dörfern durch ausgemauerte Schachtbrunnen ausgenützt wurden. Weil man solche Brunnen nach Errichtung der künstlichen Wasserversorgung kaum noch benötigte, entfernte man die Brüstungen und versah die Schächte mit ebenerdigen Abdeckungen. Beim Brunnen im Bild reicht der Wasserstand bis dicht unter die Schachtkante. Daher kann das Wasser mit einem Schöpfer von Hand gehoben werden. Sonst benutzte man Eimer mit Kette oder Seil. Für solches aus dem Brunnen geholte Wasser brauchte man im Gegensatz zum Leitungswasser keinen Wasserzins zu zahlen.

Fotos rechts: Der Kirchhof in Ballendorf bot eine Besonderheit durch seine einheitlichen hölzernen Grabkreuze. Der Großvater des Meisters, der auf dem Bild an einem noch unbemalten dieser Grabdenkmäler in seiner Schreinerwerkstatt arbeitet, brachte im vergangenen Jahrhundert das Vorbild für diese Grabzeichen aus Holz von einer Wanderschaft mit, „die ihn auch durch eine Gebirgsgegend führte“. Möglicherweise war es die Steiermark. Er fand damit soviel Anklang in seinem Heimatdorf, daß auf dessen Kirchhof, wo die Toten zur Ruhe gebettet werden, für lange Jahre ein einheitliches Bild entstand, zugleich Symbol dafür, daß im Tod alle Menschen gleich sind. Heute ist dort von diesen Kreuzen nichts mehr zu sehen.

Foto oben: Das Recht zum Jagen auf ihrer Markung vergibt die Gemeinde an einen Pächter. Der gute Weidmann ist jedoch nicht nur Jäger, sondern auch Heger. Dazu gehört vor allem die Pflege des Wildbestandes, wenn Kälte und Schnee den Tieren draußen das Leben erschweren. Mit Futterrüben und Heu auf dem Schlitten geht es hinaus zu den Futterplätzen im Wald.

Foto rechts: Man kann darüber streiten, in welcher Jahreszeit die mächtige Dorflinde schöner wirkt, im Frühling mit dem sprossenden Laub, im Sommer mit Blüten und dichtem Blätterdach, im Herbst nach Beginn der Verfärbung oder im Winter, wenn Reif und Schnee dem Baum glitzernden Schmuck bis zum letzten Ästchen schenken. Dem sinnenden Betrachter mag der eine oder andere Liedervers einfallen, mit dem sich solch ein Naturdenkmal besingen läßt.

Als im vergangenen Jahrhundert das Dorf an eine der Wasserversorgungsgruppen angeschlossen war, stand vor dieser Linde die eiserne Säule eines öffentlichen Brunnens mit einem Trog davor. Hier war für die Bewohner ein Traum wahr geworden, an dessen Erfüllung zuvor niemand zu denken wagte. Nun hatten die Leute mehr als genügend vom Element des Lebens. Aber für die Linde begann der Wassermangel im Boden, als man 1960 die Hüle daneben zuschüttete und die Fahrbahnen ringsum asphaltierte. Das bedeutete das Ende dieses schönen Baums, der Wahrzeichen seines Dorfes war.